AF188977

Impressum
Verlag: BABADADA GmbH, Nedderfeld 112 , 22529 Hamburg
Geschäftsführer / Verlagsleitung: Harald Hof
Druck: Books on Demand GmbH, In de Tarpen 42, 22848 Norderstedt

Imprint
Publisher: BABADADA GmbH, Nedderfeld 112 , 22529 Hamburg, Germany
Managing Director / Publishing direction: Harald Hof
Print: Books on Demand GmbH, In de Tarpen 42, 22848 Norderstedt, Germany

школа
학교

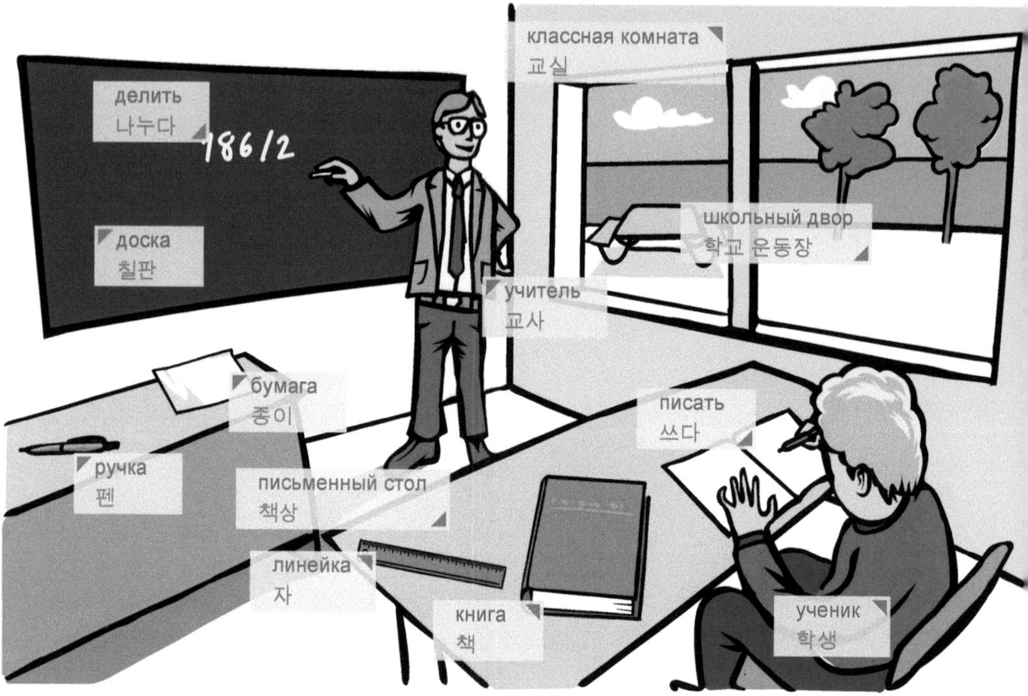

классная комната
교실
делить
나누다
186/2
доска
칠판
школьный двор
학교 운동장
учитель
교사
бумага
종이
писать
쓰다
ручка
펜
письменный стол
책상
линейка
자
книга
책
ученик
학생

ранец

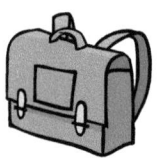

책가방

пенал

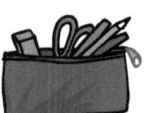

필통

карандаш

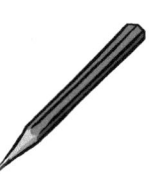

연필

точилка

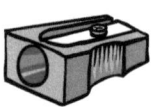

연필깎이

ластик

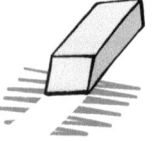

지우개

альбом для рисования

스케치북

рисунок

그림

кисточка

붓

коробка красок

그림물감 통

ножницы

가위

клей

풀

тетрадь

연습장

домашняя работа

숙제

12

цифра

숫자

2+2

прибавлять

더하다

5-2

вычитать

빼다

2×2

умножать

곱하다

считать

계산하다

A

буква

글자

ABCDEFG HIJKLMN OPQRSTU VWXYZ

алфавит

알파벳

hello

слово

낱말

текст

텍스트

читать

읽다

мел

분필

урок

수업시간

классный журнал

출석부

экзамен

시험

диплом

증명서

школьная форма

교복

образование

교육

энциклопедия

백과사전

университет

대학교

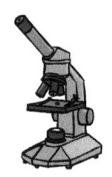

микроскоп

현미경

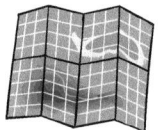

карта

지도

корзина для бумаг

휴지통

школа - 학교

путешествие
여행

гостиница
호텔
Grand
турбаза
호스텔
ROOMS
EXCHANGE
пункт обмена валюты
환전소
чемодан
여행가방
автомобиль
자동차

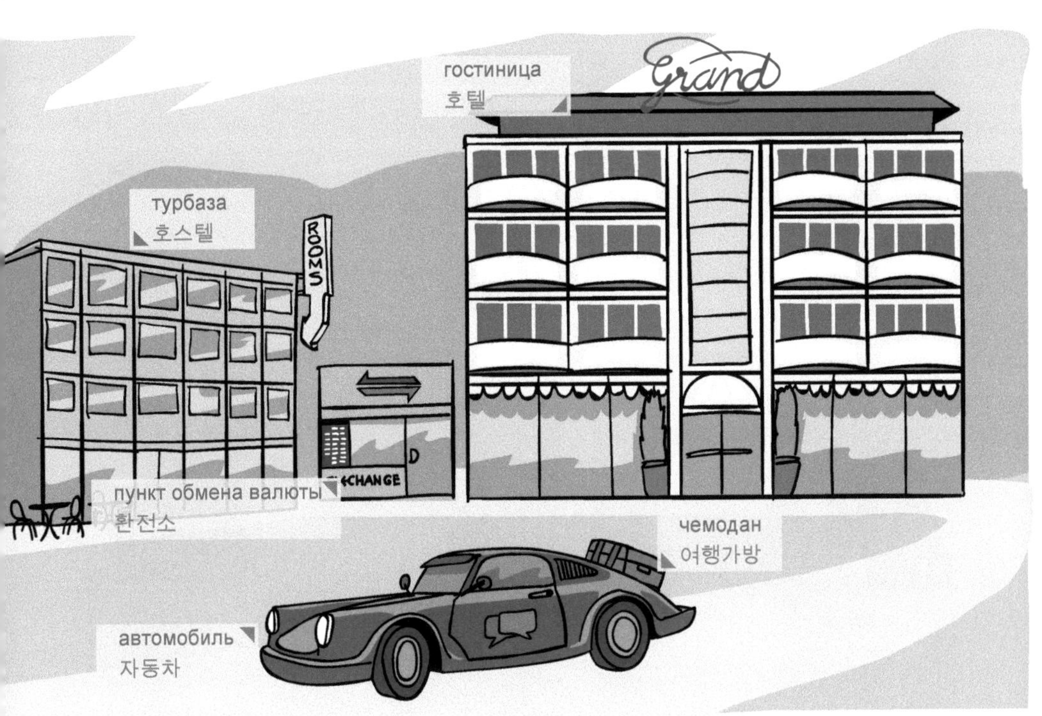

язык

언어

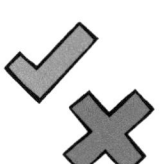

да / нет

예 / 아니오

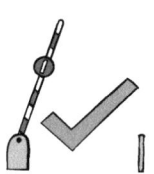

хорошо

좋아

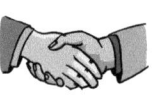

Привет

안녕

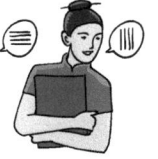

переводчик

번역가

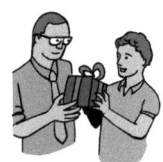

Спасибо

고마워, 고마워요

Сколько стоит...?

... 얼마입니까?

Я не понимаю

나는 이해하지 못합니다

проблема

문제

Добрый вечер!

안녕하세요!

Доброе утро!

안녕하세요!

Доброй ночи!

잘자요!

До свидания

또 만나요

направление

방향

багаж

수하물

сумка

가방

рюкзак

배낭

гость

손님

комната

방

спальный мешок

침낭

палатка

텐트

туристическая
информация

여행 안내

пляж

해변

кредитная карточка

신용카드

завтрак

아침식사

обед

점심식사

ужин

저녁식사

билет

승차권

лифт

승강기

почтовая марка

우표

граница

경계

таможня

세관

посольство

대사관

виза

비자

паспорт

여권

транспорт

운반

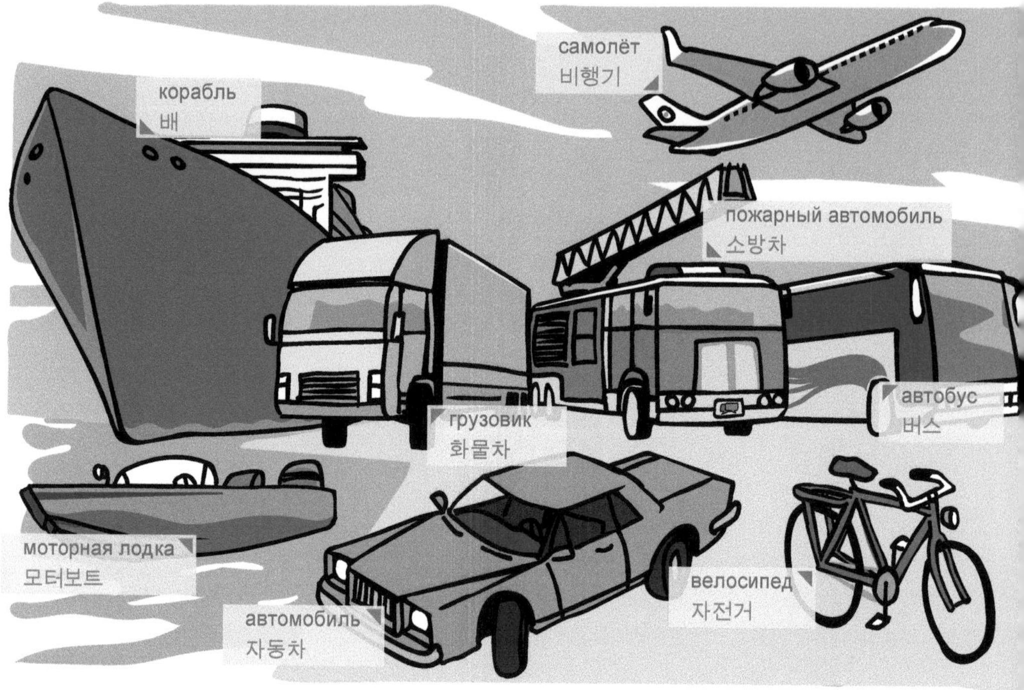

самолёт
비행기
корабль
배
пожарный автомобиль
소방차
грузовик
화물차
автобус
버스
моторная лодка
모터보트
велосипед
자전거
автомобиль
자동차

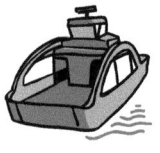

паром

페리

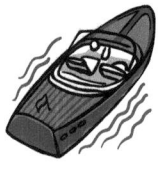

лодка

보트

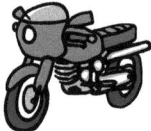

мотоцикл

오토바이

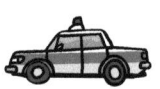

полицейский автомобиль

경찰차

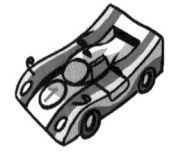

гоночный автомобиль

경주차

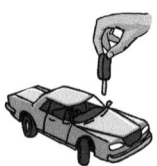

арендованный автомобиль

렌트카

совместное пользование
автомобилями

카셰어링

буксировочный
автомобиль

견인차

мусоровоз

쓰레기차

двигатель

모터

топливо

연료

заправка

주유소

дорожный знак

교통 표지

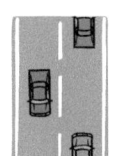

движение

교통

пробка

교통 정체

автостоянка

주차장

вокзал

기차역

рельсы

트랙터

поезд

기차

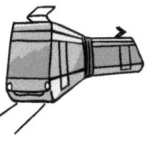

трамвай

전차

вагон

객차

вертолёт

헬리콥터

аэропорт

공항

вышка

타워

пассажир

승객

контейнер

컨테이너

коробка

상자

тележка

카트

корзина

바구니

взлетать / приземляться

출발하다 / 도착하다

город

도시

деревня

마을

центр города

도심

дом

집

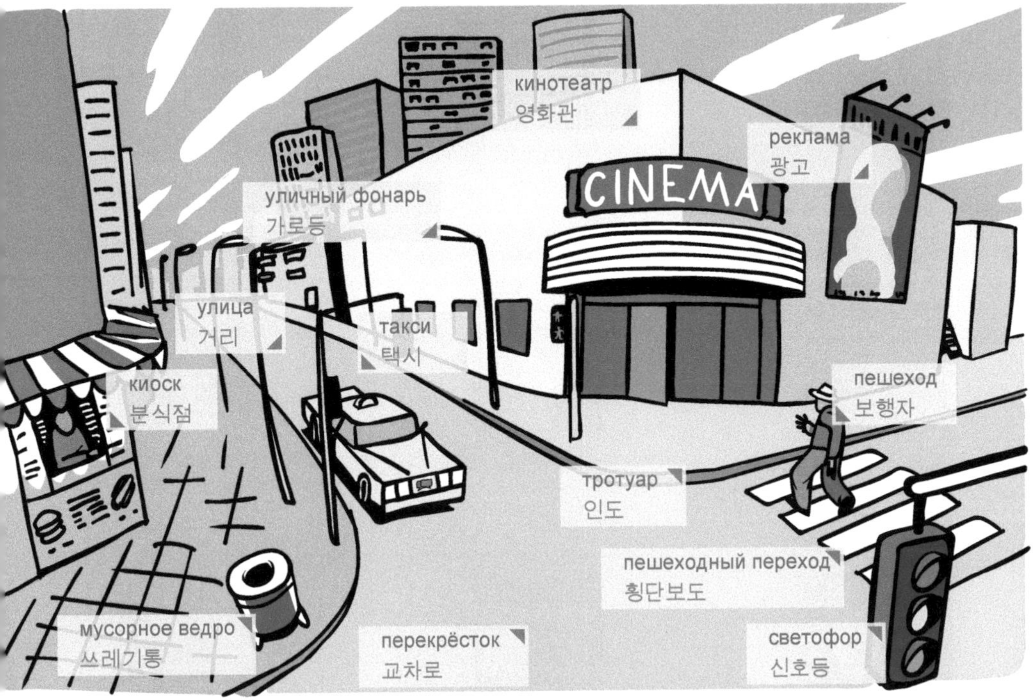

кинотеатр
영화관
CINEMA
реклама
광고
уличный фонарь
가로등
улица
거리
такси
택시
киоск
분식점
пешеход
보행자
тротуар
인도
пешеходный переход
횡단보도
мусорное ведро
쓰레기통
перекрёсток
교차로
светофор
신호등

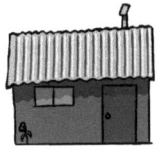

хижина
오두막

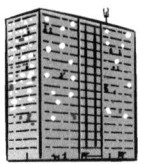

квартира
주택

вокзал
기차역

ратуша
시청

MUSEUM
музей
박물관

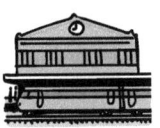

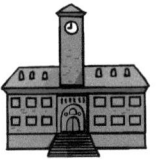

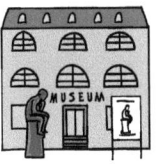

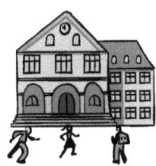

школа
학교

университет

대학교

банк

은행

больница

병원

гостиница

호텔

аптека

약국

офис

사무실

книжный магазин

서점

магазин

상점

цветочный магазин

꽃가게

супермаркет

수퍼마켓

рынок

시장

универмаг

백화점

торговец рыбой

생선가게

торговый центр

쇼핑 센터

порт

항구

парк

공원

скамейка

벤치

мост

다리

лестница

계단

метро

지하철

тоннель

터널

автобусная остановка

버스 정류장

бар

바

ресторан

레스토랑

почтовый ящик

우체통

табличка с названием улицы

도로 표지판

паркометр

주차료 징수기

зоопарк

동물원

бассейн

수영장

мечеть

모스크 사원

город - 도시

ферма

농장

загрязнение окружающей среды

환경오염

кладбище

공동묘지

церковь

교회

детская площадка

놀이터

храм

절

ландшафт
풍경

лист
잎

дорожный указатель
이정표

дорога
길

луг
초원

камень
돌

путешественник
도보여행자

дерево
나무

река
강

трава
잔디

цветок
꽃

долина

계곡

гора

산

озеро

호수

лес

숲

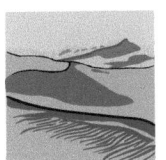

пустыня

사막

вулкан

화산

замок

성

радуга

무지개

гриб

버섯

пальма

야자나무

комар

모기

муха

파리

муравей

개미

пчела

벌

паук

거미

жук

딱정벌레

лягушка

개구리

белка

다람쥐

еж

고슴도치

заяц

토끼

сова

부엉이

птица

새

лебедь

백조

кабан

맷돼지

олень

사슴

лось

순록

плотина

댐

ветряной генератор

풍력 터빈

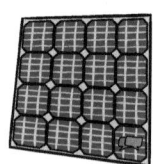

солнечная батарея

태양광 전지판

климат

기후

ресторан
레스토랑

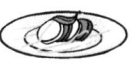

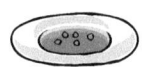

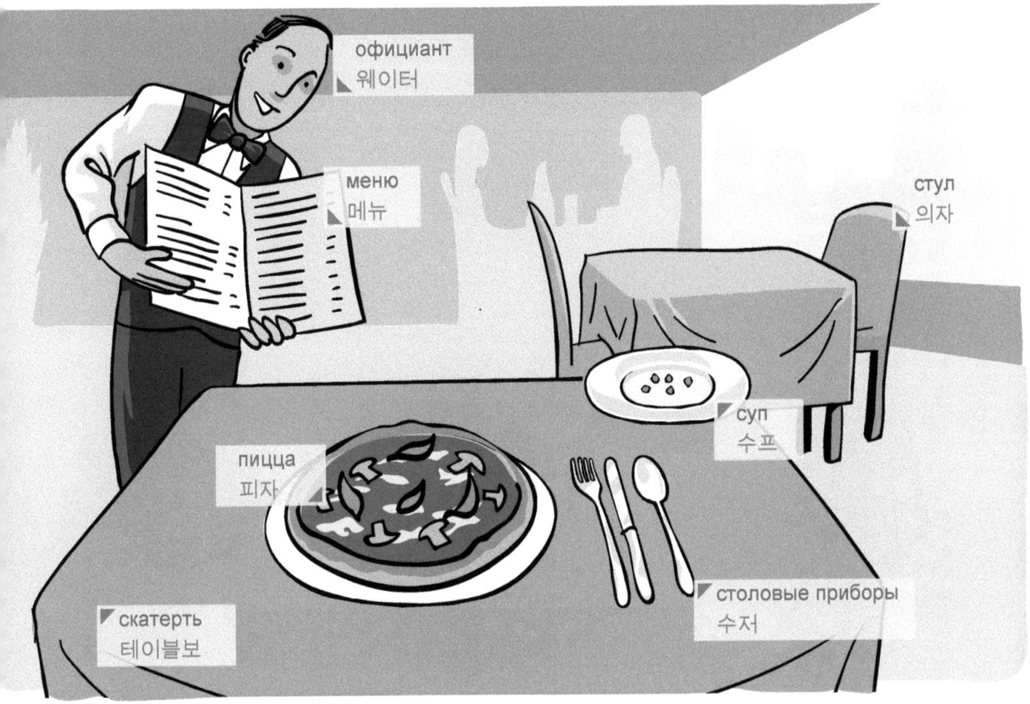

официант
웨이터
меню
메뉴
стул
의자
суп
수프
пицца
피자
столовые приборы
수저
скатерть
테이블보

закуска
전채요리

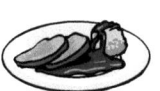

главное блюдо
주요리

десерт
후식

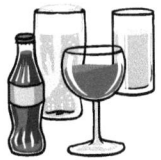

напитки
음료수

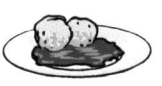

еда
음식

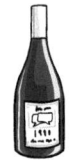

бутылка
병

фастфуд

인스턴트 식품

уличная еда

길거리음식

чайник

찻주전자

сахарница

설탕통

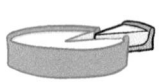

порция

인분

кофеварка

에스프레소 머신

детский стульчик

높은 의자

счет

계산서

поднос

쟁반

нож

칼

вилка

포크

ложка

숟가락

чайная ложка

찻숟가락

салфетка

냅킨

стакан

유리잔

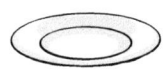

тарелка

접시

суповая тарелка

수프 그릇

блюдце

컵 받침

соус

소스

солонка

소금통

мельница для перца

후추통

уксус

식초

масло

기름

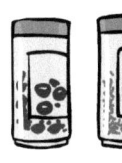

специи

양념

кетчуп

케첩

горчица

겨자

майонез

마요네즈

супермаркет
수퍼마켓

специальное предложение
특가 판매
FOR
покупатель
고객
молочные продукты
유제품
фрукты
과일
тележка для покупок
트롤리

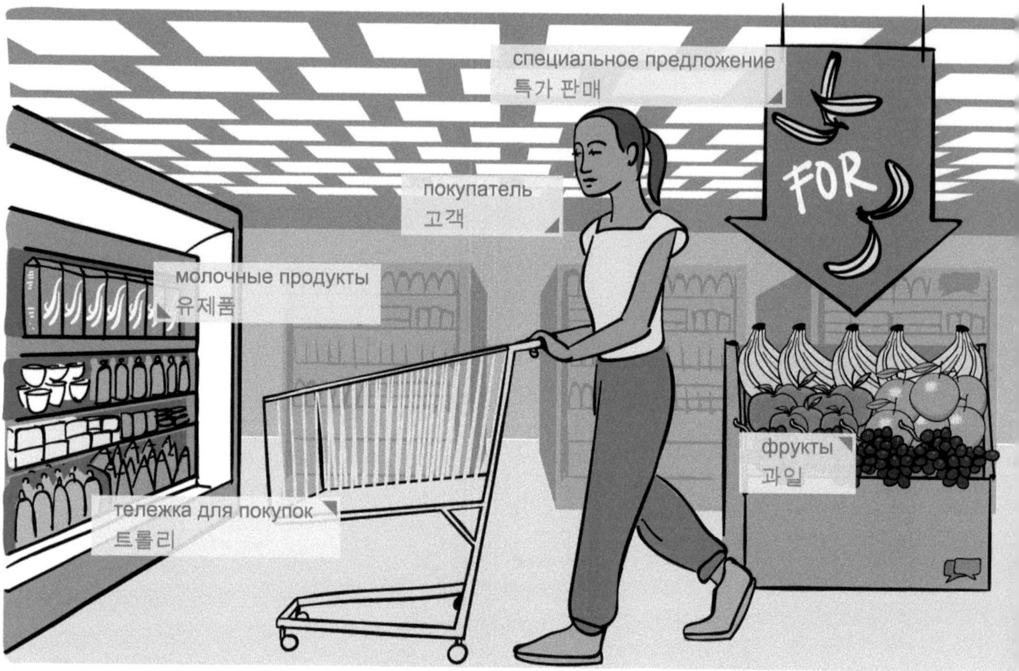

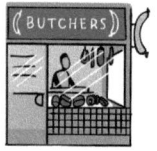

BUTCHERS
мясной магазин
정육점

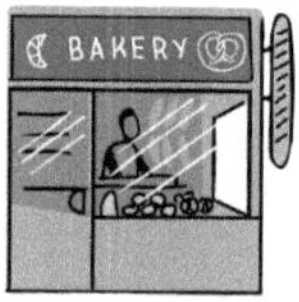

BAKERY
пекарня
빵집

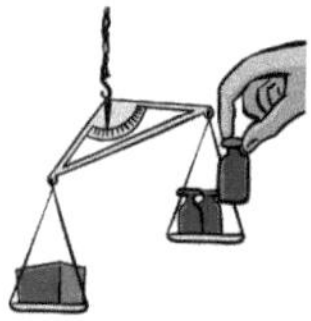

взвешивать
무게가 나가다

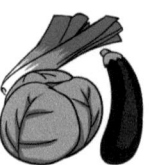

овощи
채소

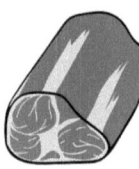

мясо
고기

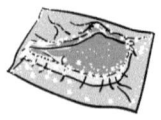

быстрозамороженные продукты
냉동식품

нарезка

냉육

консервы

통조림

стиральный порошок

가루 세제

сладости

달콤한 간식

предмет домашнего обихода

가정용품

моющее средство

세척제

продавщица

판매원

касса

계산대

кассир

계산원

список покупок

구매목록

время работы

문 여는 시간

бумажник

지갑

кредитная карточка

신용카드

сумка

가방

полиэтиленовый пакет

비닐 봉투

вода

물

сок

주스

молоко

우유

кока-кола

콜라

вино

와인

пиво

맥주

алкоголь

술

какао

카카오

чай

차고

кофе

커피

эспрессо

에스프레소

капучино

카푸치노

банан

바나나

яблоко

사과

апельсин

오렌지

арбуз

수박

лимон

레몬

морковь

당근

чеснок

마늘

бамбук

대나무

лук

양파

гриб

버섯

орехи

견과류

лапша

국수

спагетти

스파게티

рис

쌀

салат

샐러드

картофель фри

감자칩

жареный картофель

감자튀김

пицца

피자

гамбургер

햄버거

сэндвич

샌드위치

шницель

커틀렛

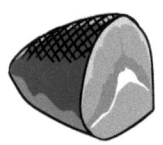

ветчина

햄

салями

살라미

колбаса

소시지

курица

닭

жаркое

구이

рыба

생선

овсяные хлопья

오트밀

мюсли

뮤슬리

кукурузные хлопья

콘플레이크

мука

밀가루

круассан

크루아상

булочка

롤빵

хлеб

빵

тост

토스트

печенье

비스킷

масло

버터

творог

응유

пирог

케이크

яйцо

달걀

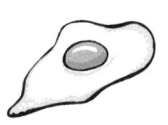

яичница

계란 후라이

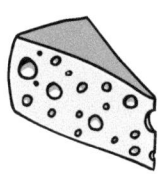

сыр

치즈

мороженое

아이스크림

сахар

설탕

мёд

꿀

мармелад

잼

крем с нугой

누가 크림

карри

카레

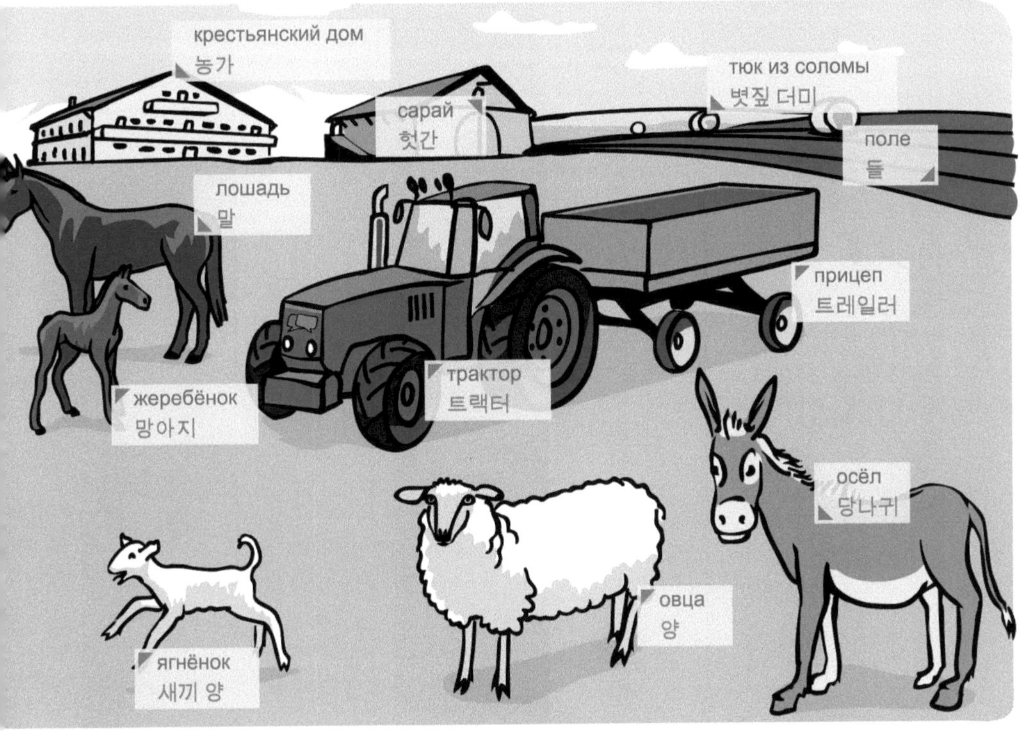

крестьянский дом
농가

сарай
헛간

тюк из соломы
볏짚 더미

поле
들

лошадь
말

прицеп
트레일러

жеребёнок
망아지

трактор
트랙터

осёл
당나귀

ягнёнок
새끼 양

овца
양

коза

염소

корова

암소

телёнок

송아지

свинья

돼지

поросёнок

새끼 돼지

бык

황소

гусь

거위

утка

오리

цыплёнок

병아리

курица

암탉

петух

수탉

крыса

쥐

кошка

고양이

мышь

생쥐

вол

황소

собака

개

конура

개집

садовый шланг

정원용 호스

лейка

물뿌리개

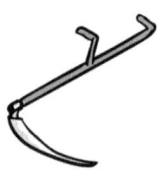

коса

큰 낫

плуг

쟁기

ферма - 농장

серп

낫

мотыга

괭이

навозные вилы

쇠스랑

топор

도끼

тачка

외바퀴 손수레

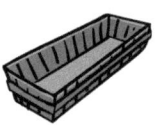

корыто

여물통

бидон для молока

우유 캔

мешок

부대

забор

울타리

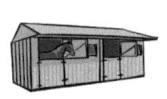

хлев

축사

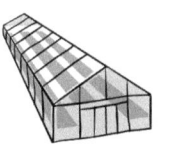

теплица

비닐하우스

почва

땅

посев

씨앗

удобрение

거름

комбайн

콤바인

ферма - 농장

собирать урожай

수확하다

урожай

수확

ямс

참마

пшеница

밀

соя

콩

картофель

감자

кукуруза

옥수수

рапс

유채씨

фруктовое дерево

과일나무

маниок

카사바

злаки

곡식

дымоход
굴뚝

крыша
지붕

водосточный желоб
낙수 홈통

окно
창문

гараж
차고

звонок
초인종

дверь
문

мусорное ведро
쓰레기통

почтовый ящик
우편함

сад
정원

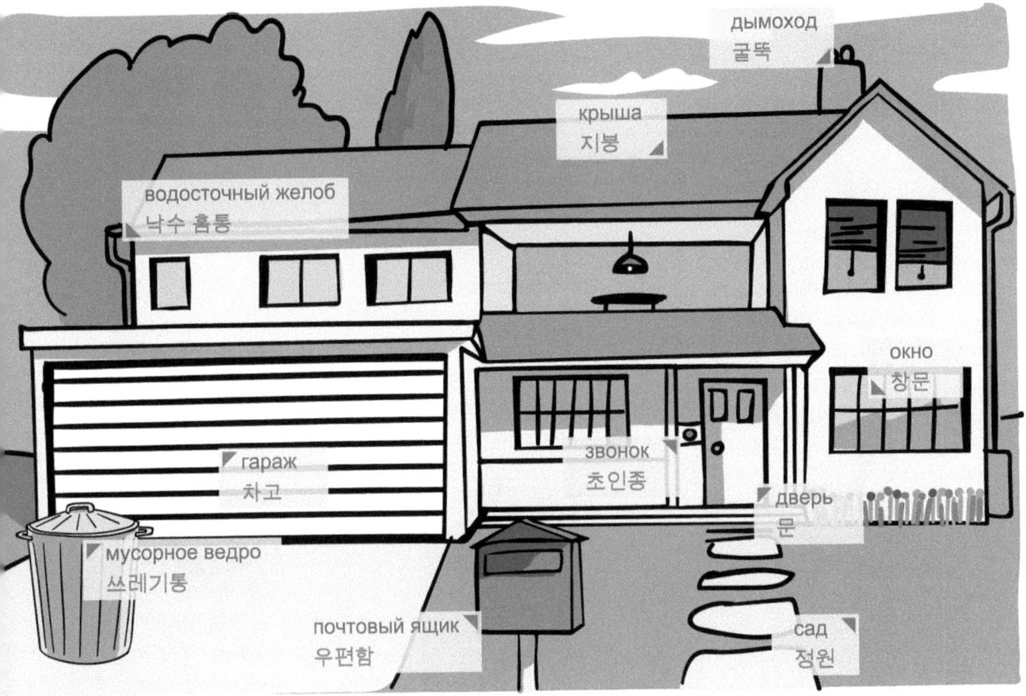

гостиная

응접실

ванная комната

옥실

кухня

부엌

спальня

침실

детская комната

아이들 방

столовая

식사실

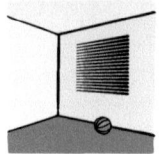

пол

바닥

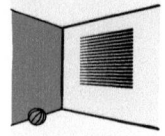

стена

벽

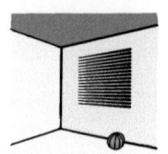

потолок

천장

подвал

지하실

сауна

사우나

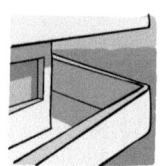

балкон

발코니

терраса

테라스

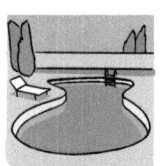

бассейн

수영장

газонокосилка

잔디 깎는 기계

пододеяльник

침대 시트

покрывало

이불

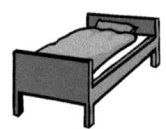

кровать

침대

метла

빗자루

ведро

양동이

выключатель

스위치

гостиная
응접실

обои
벽지
рисунок
그림
лампа
전등
шкаф
캐비닛
полка
선반
телевизор
텔레비전
камин
벽난로
цветок
꽃
подушка
쿠션
диван
소파
ваза
꽃병
пульт дистанционного управления
리모컨

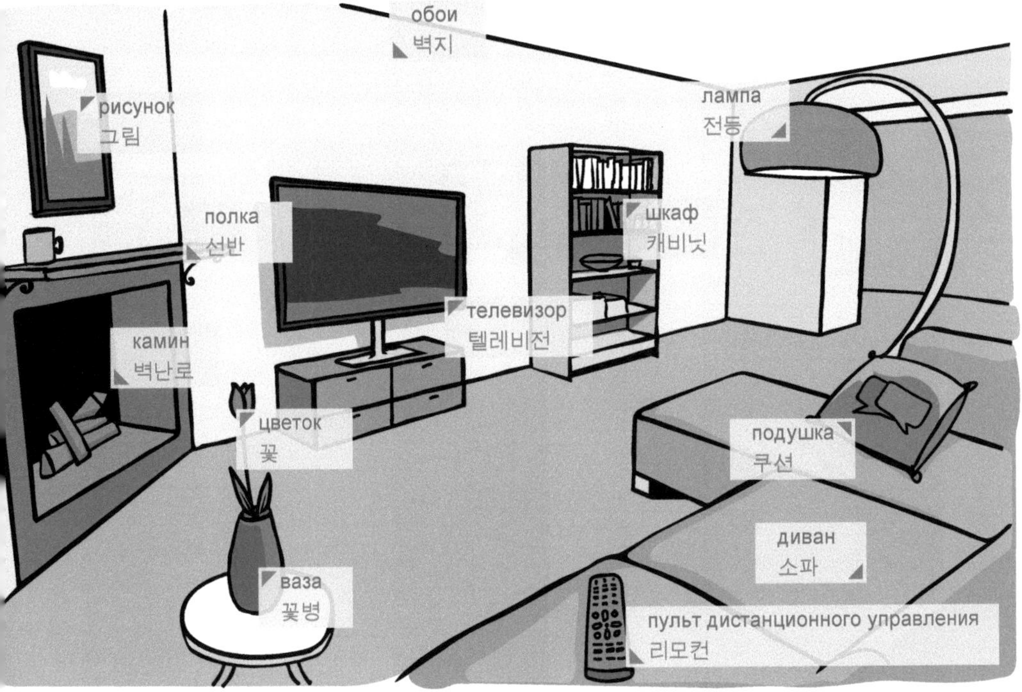

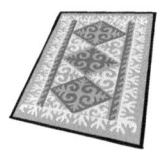

ковёр

카페트

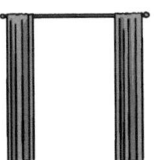

штора

커튼

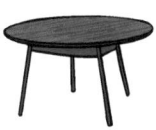

стол

탁자

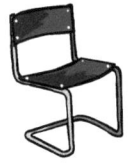

стул

의자

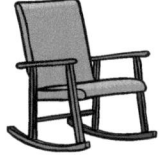

кресло-качалка

흔들의자

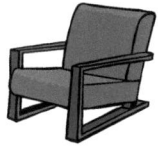

кресло

안락의자

книга
책

покрывало
담요

украшение
장식

дрова
뗄감나무

фильм
영화

стереосистема
하이파이 기기

ключ
열쇠

газета
신문

картина
회화

плакат
포스터

радио
라디오

блокнот
노트

пылесос
진공청소기

кактус
선인장

свеча
초

кухня
부엌

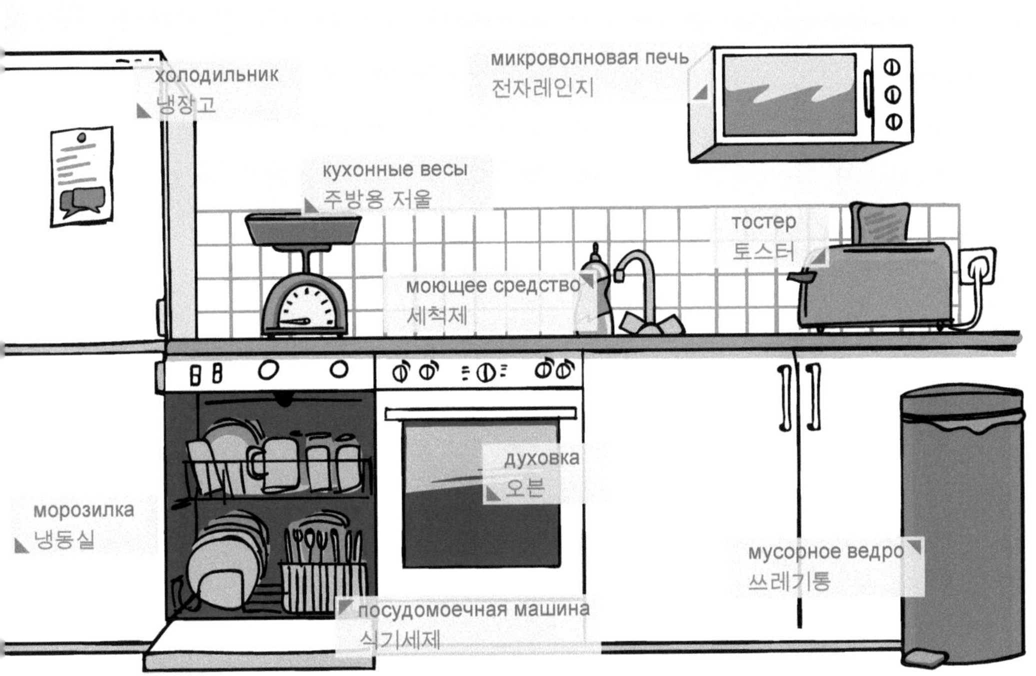
холодильник
냉장고
микроволновая печь
전자레인지
кухонные весы
주방용 저울
тостер
토스터
моющее средство
세척제
духовка
오븐
морозилка
냉동실
мусорное ведро
쓰레기통
посудомоечная машина
식기세제

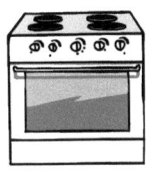

плита

쿠커

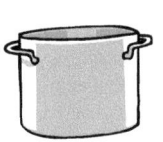

кастрюля

냄비

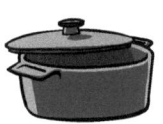

чугунный котелок

주철 냄비

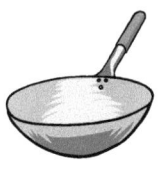

вок / кадай

웍 / 카다이 냄비

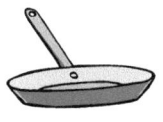

сковорода

프라이팬

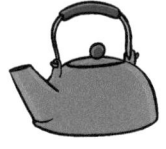

чайник

주전자

пароварка

찜기

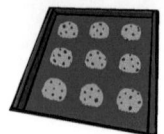

противень

오븐 구이용 쟁반

посуда

그릇

кружка

머그

миска

양푼이

палочки для еды

젓가락

половник

국자

лопатка

주걱

сбивалка

거품기

сито

여과기

сито

체

тёрка

강판

ступка

절구

гриль

바베큐

костёр

화덕

доска

도마

скалка

밀방망이

штопор

코르크 병따개

жестяная банка

캔

консервный нож

캔 따개

прихватка

냄비 받침

раковина

개수대

щетка

솔

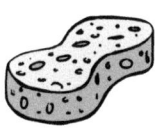

губка

수세미

миксер

블렌더

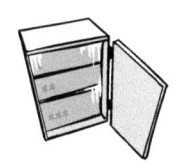

морозильная камера

냉동고

бутылочка для кормления

젖병

кран

수도꼭지

ванная комната
욕실

душ
샤워
отопление
히터
полотенце
수건
душевая занавеска
샤워 커튼
пенистая ванна
거품 비누
ванна
욕조
стакан
유리잔
стиральная машина
세탁기
кран
수도꼭
지
плитка
타일
горшок
변기
раковина
개수대

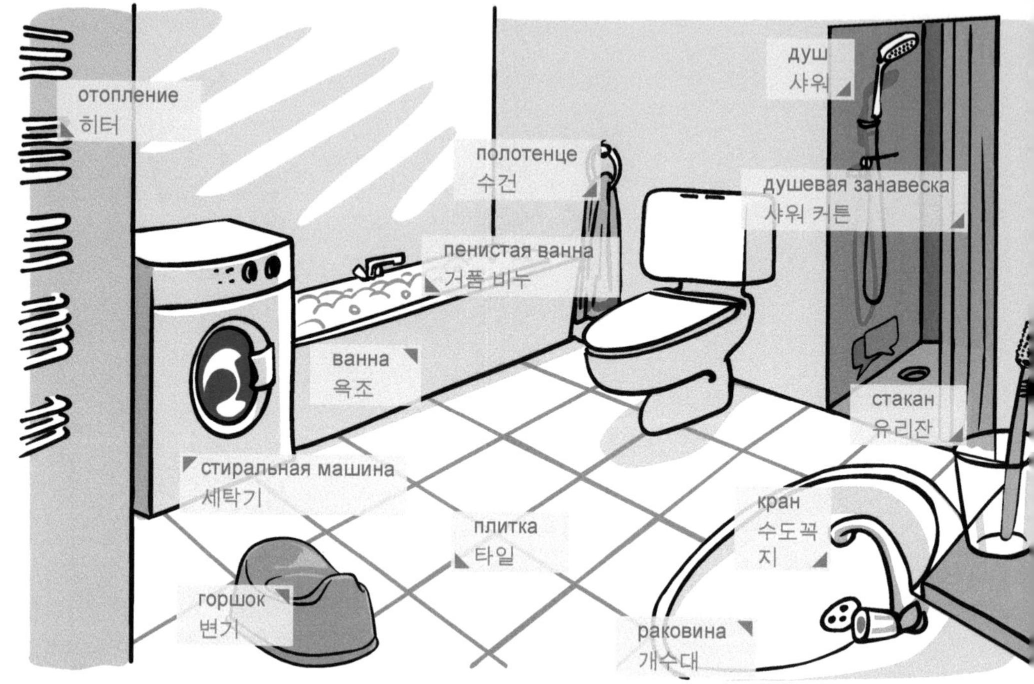

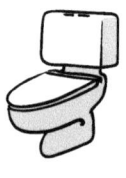

туалет

화장실

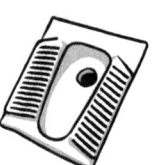

напольный унитаз

재래식 화장실

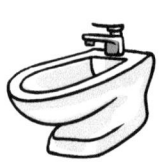

биде

비데

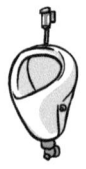

писсуар

공중 변소

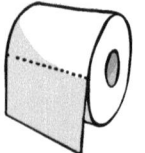

туалетная бумага

화장지

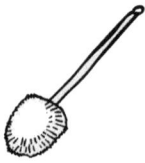

ершик

변기솔

зубная щетка

치솔

зубная паста

치약

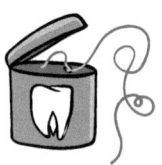

зубная нить

치실

мыть

씻다

ручной душ

샤워기

интимный душ

질 세척제

таз

대야

щетка для спины

등밀이솔

мыло

비누

гель для душа

샤워 젤

шампунь

샴푸

мочалка

물걸레

сток

배수관

крем

크림

дезодорант

체취 제거제

зеркало

거울

ручное зеркало

휴대용 거울

бритва

면도기

пена для бритья

면도 거품

лосьон после бритья

에프터쉐이브

расческа

빗

щетка

솔

фен

헤어드라이기

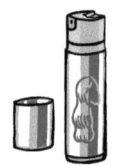

лак для волос

헤어스프레이

косметика

메이크업

губная помада

립스틱

лак для ногтей

손톱깎이

вата

면 솜

маникюрные ножницы

손톱

духи

향수

косметичка

세면도구 주머니

табуретка

스툴

весы

저울

халат

목욕 가운

резиновые перчатки

고무 장갑

тампон

탐폰

гигиеническая прокладка

생리대

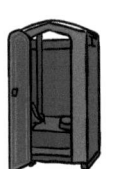

биотуалет

화학 화장실

детская комната
아이들 방

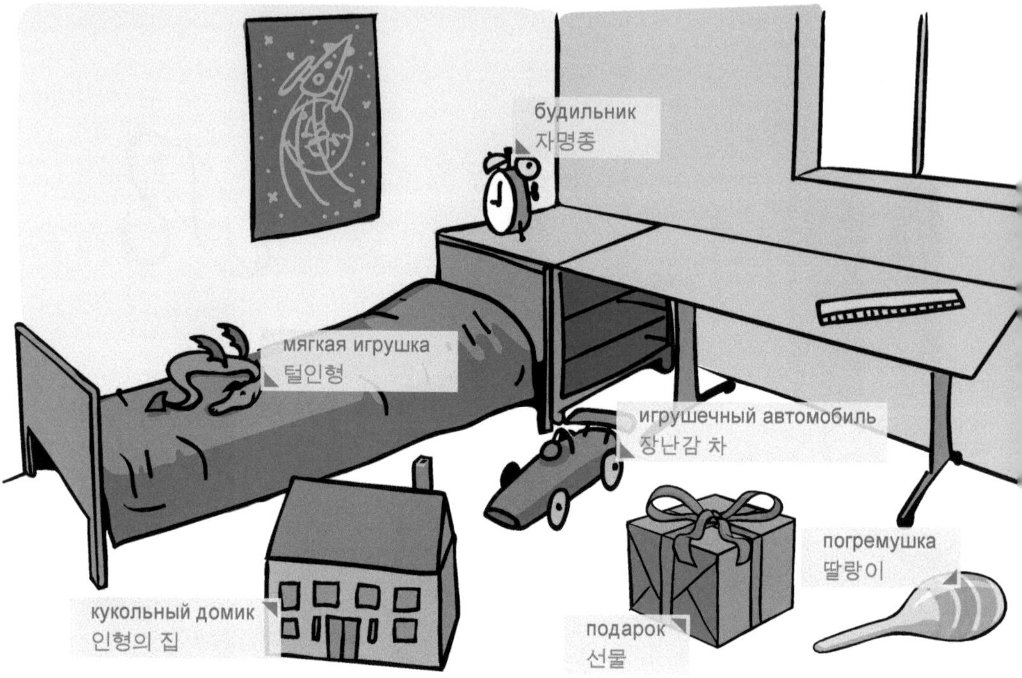
будильник
자명종
мягкая игрушка
털인형
игрушечный автомобиль
장난감 차
погремушка
딸랑이
кукольный домик
인형의 집
подарок
선물

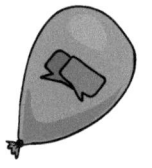

воздушный шар

풍선

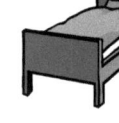

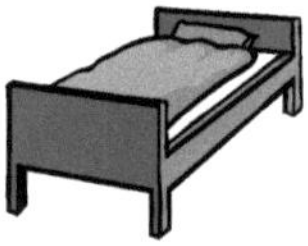

кровать

침대

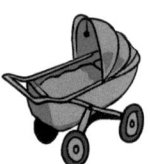

детская коляска

유모차

карточная игра

카드 게임

пазл

퍼즐

SUPER
MEGA

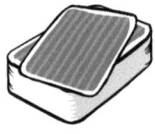

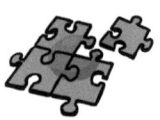

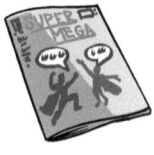

комикс

만화

кирпичики Лего

레고

кубики

장난감 블럭

игрушечная фигурка

액션 캐릭터

ползунки

베이비 그로

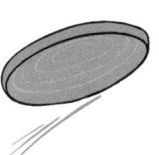

фрисби

프리스비

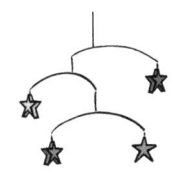

мобиле

모빌

настольная игра

보드 게임

кубик

주사위

модель железной дороги

기차 모형 세트

соска

노리개 젖꼭지

вечеринка

파티

книга с картинками

그림책

мяч

공

кукла

인형

играть

놀다

песочница

모래상자

качели

그네

игрушка

장난감

игровая приставка

비디오 게임 콘솔

трёхколесный велосипед

세바퀴자전거

плюшевый медвежонок

곰인형

шкаф для одежды

옷장

одежда
의복

носки

양말

чулки

스타킹

колготки

스타킹

шарф
스카프

зонтик
우산

футболка
티셔츠

ремень
허리띠

сапоги
부츠

тапки
슬리퍼

кроссовки
운동화

сандалии
샌들

ботинки
신발

резиновые сапоги
고무 장화

трусы
팬티

бюстгальтер
브래지어

майка
러닝 셔츠

боди

바디

брюки

바지

джинсы

청바지

юбка

치마

блузка

블라우스

рубашка

셔츠

свитер

풀오버

свитер

후드티

спортивная куртка

블레이저

жакет

자켓

пальто

외투

плащ

비옷

костюм

의상

платье

원피스

свадебное платье

웨딩 드레스

мужской костюм

양복

ночная сорочка

나이트가운

пижама

잠옷

сари

사리

платок

두건

тюрбан

터번

паранджа

부르카

кафтан

카프탄

абайя

아바야

купальник

수영복

плавки

수영바지

шорты

반바지

спортивный костюм

트레이닝복

фартук

앞치마

перчатки

장갑

одежда - 의복

пуговица

단추

очки

안경

браслет

팔찌

цепочка

목걸이

кольцо

반지

серьга

귀걸이

шапка

캡 모자

вешалка

옷걸이

шляпа

모자

галстук

넥타이

застежка молния

지퍼

шлем

헬멧

подтяжки

멜빵

школьная форма

교복

форма

유니폼

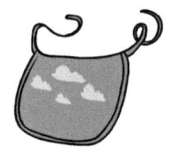

детский нагрудник

턱받이

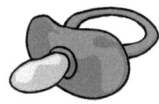

соска

노리개 젖꼭지

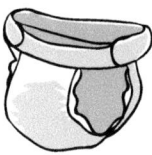

подгузник

기저귀

офис
사무실

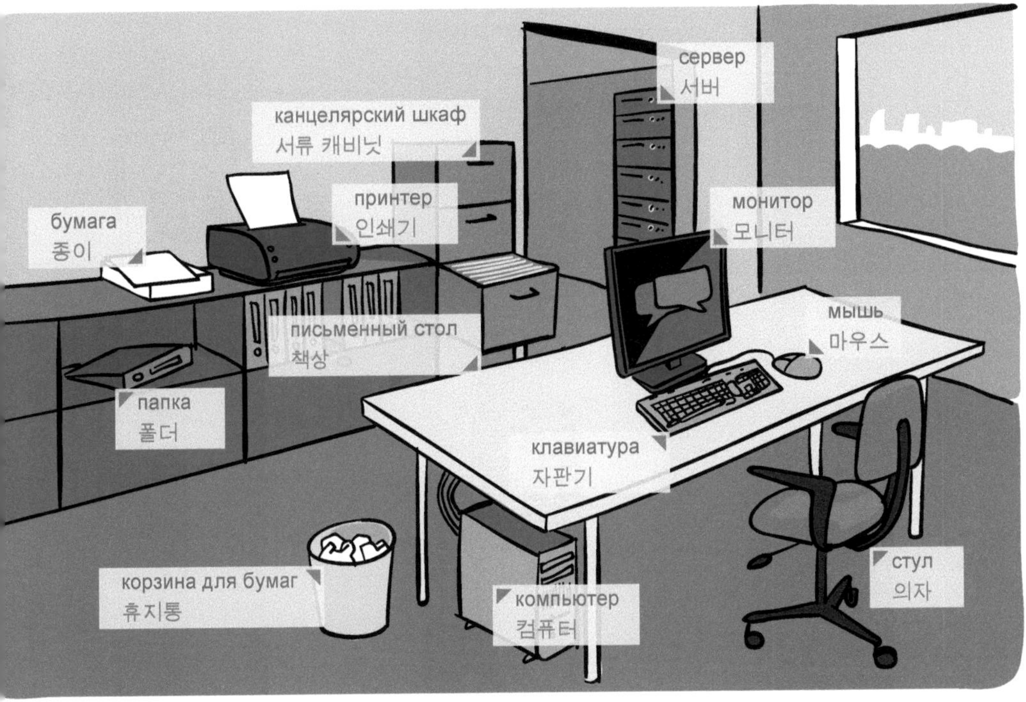
сервер
서버
канцелярский шкаф
서류 캐비닛
принтер
인쇄기
бумага
종이
монитор
모니터
письменный стол
책상
мышь
마우스
папка
폴더
клавиатура
자판기
стул
의자
корзина для бумаг
휴지통
компьютер
컴퓨터

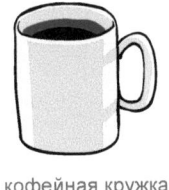

кофейная кружка

커피잔

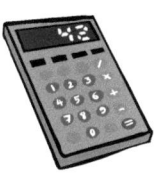

калькулятор

계산기

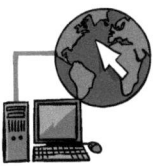

интернет

인터넷

ноутбук

노트북

письмо

편지

сообщение

메시지

мобильный телефон

휴대전화

сеть

네트워크

ксерокс

복사기

программа

소프트웨어

телефон

전화

розетка

플러그 소켓

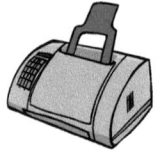

факс

팩시밀리

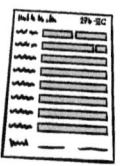

формуляр

서식

документ

서류

покупать

사다

платить

지불하다

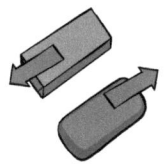

торговать

거래하다

деньги

돈

 **USD**

доллар

달러

 **EUR**

евро

유로

JPY

иена

옌

RUB

рубль

루벨

CHF

франк

스위스 프랑

CNY

жэньминьби юань

위안

INR

рупия

루피

банкомат

현금인출기

пункт обмена валюты

환전소

золото

금

серебро

은

нефть

석유

энергия

에너지

цена

가격

договор

계약

налог

세금

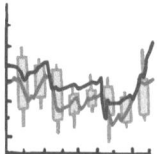

акция

주식

работать

일하다

служащий

근로자

работодатель

고용주

фабрика

공장

магазин

상점

профессии
직업

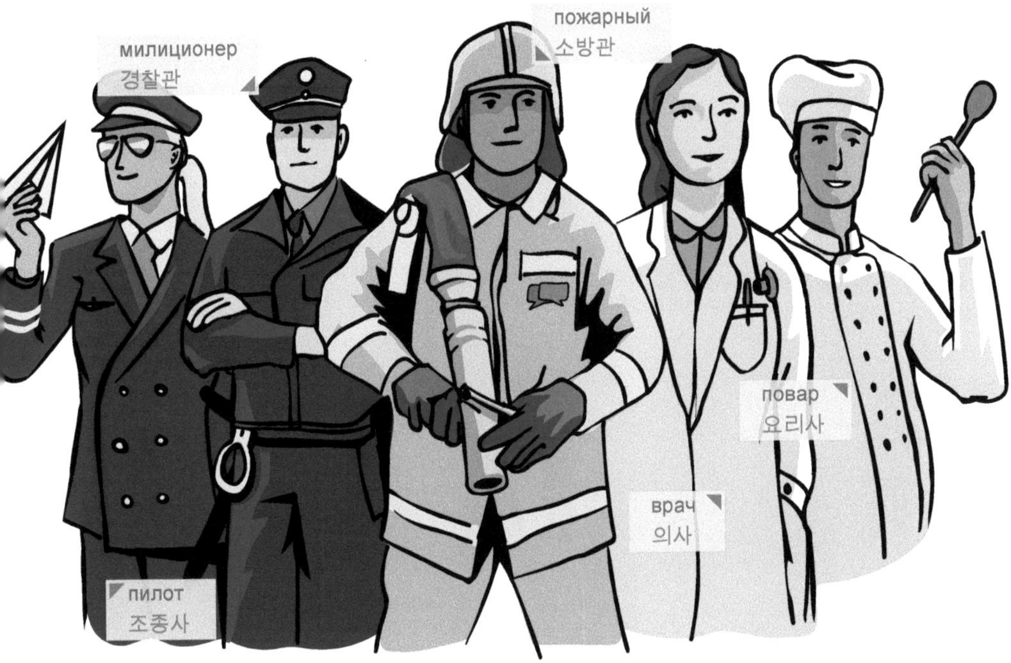

милиционер
경찰관
пожарный
소방관
повар
요리사
врач
의사
пилот
조종사

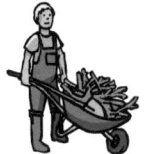

садовник

정원사

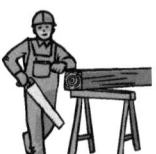

столяр

목수

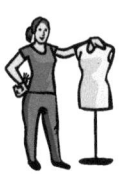

швея

수선공

судья

판사

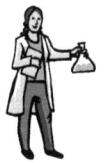

химик

화학자

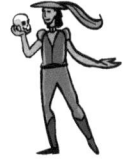

актёр

배우

водитель автобуса

버스운전사

таксист

택시 운전사

рыбак

어부

уборщица

청소부

кровельщик

지붕 수리자

официант

웨이터

охотник

사냥꾼

художник

화가

пекарь

제빵사

электрик

전기업자

строитель

건축업자

инженер

엔지니어

мясник

정육점업자

сантехник

배관업자

почтальон

우편물 배달부

солдат

군인

архитектор

건축가

кассир

계산원

флорист

플로리스트

парикмахер

미용사

кондуктор

검표원

механик

정비사

капитан

선장

зубной врач

치과의사

ученый

학자

раввин

유대교 라비

имам

이맘

монах

수도승

священник

사제

профессии - 직업

инструменты
연장

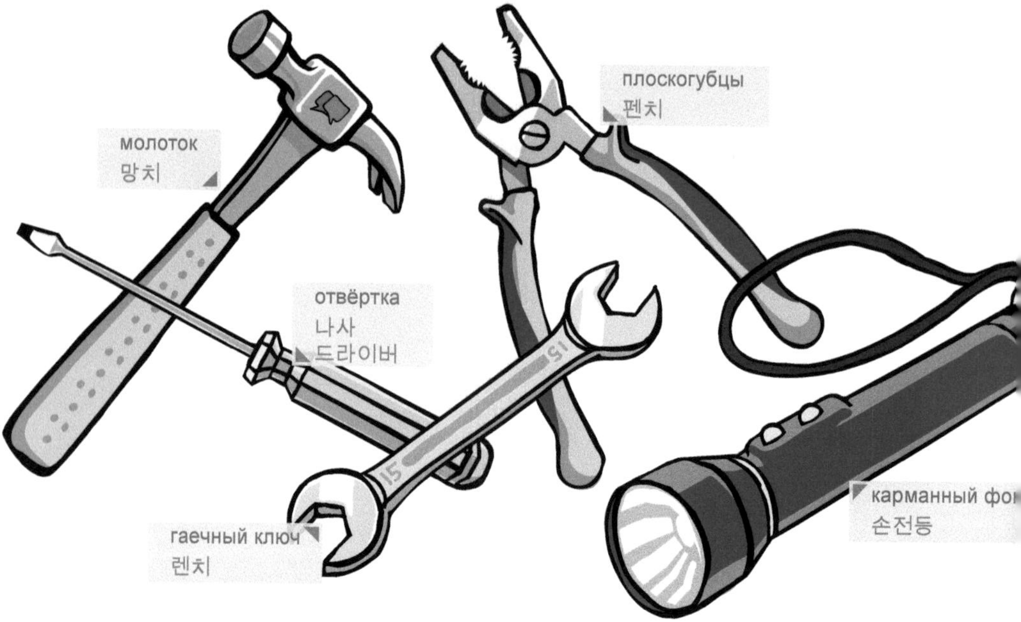
молоток
망치
плоскогубцы
펜치
отвёртка
나사
드라이버
гаечный ключ
렌치
карманный фо
손전등

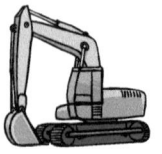

экскаватор
굴삭기

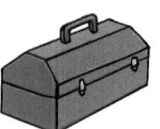

ящик для инструментов
연장통

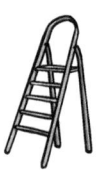

стремянка
사다리

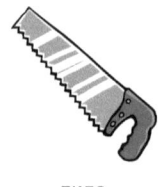

пила
톱

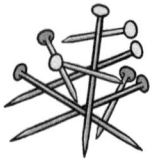

гвозди
못

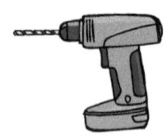

дрель
드릴

ремонтировать

수리하다

лопата

삽

Блин!

젠장!

совок

쓰레받기

ведро с краской

페인트통

винты

나사

музыкальные инструменты
악기

ударный инструмент
드럼

громкоговоритель
스피커

гитара
기타

контрабас
콘트라베이스

труба
트럼펫

пианино

피아노

скрипка

바이올린

бас-гитара

베이스

литавры

팀파니

барабан

북

синтезатор

키보드

саксофон

색소폰

флейта

플루트

микрофон

마이크

тигр
호랑이

вход
입구

клетка
우리

зебра
얼룩말

корм
사료

панда
판다 곰

животные

동물

слон

코끼리

кенгуру

캥거루

носорог

코뿔소

горилла

고릴라

медведь

곰

верблюд

낙타

страус

타조

лев

사자

обезьяна

원숭이

фламинго

홍학

попугай

앵무새

белый медведь

북극곰

пингвин

펭귄

акула

상어

павлин

공작

змея

뱀

крокодил

악어

служитель зоопарка

동물원 사육사

тюлень

물개

ягуар

재규어

зоопарк - 동물원

пони

조랑말

леопард

표범

бегемот

하마

жираф

기린

орёл

독수리

кабан

멧돼지

рыба

생선

черепаха

거북이

морж

바다코끼리

лиса

여우

газель

영양

американский футбол
미식축구

езда на велосипеде
자전거 경기

теннис
테니스

баскетбол
농구

плавание
수영

бокс
권투

хоккей
아이스하키

футбол

축구

бадминтон

배드민턴

лёгкая атлетика

육상 경기

гандбол

핸드볼

лыжный спорт

스키

поло

폴로

действия
활동

смеяться
웃다
прыгать
뛰어오르
다
обнимать
포옹하다
идти
걷다
петь
노래하
다
мечтать
꿈꾸다
молиться
기도하다
целовать
입맞추다

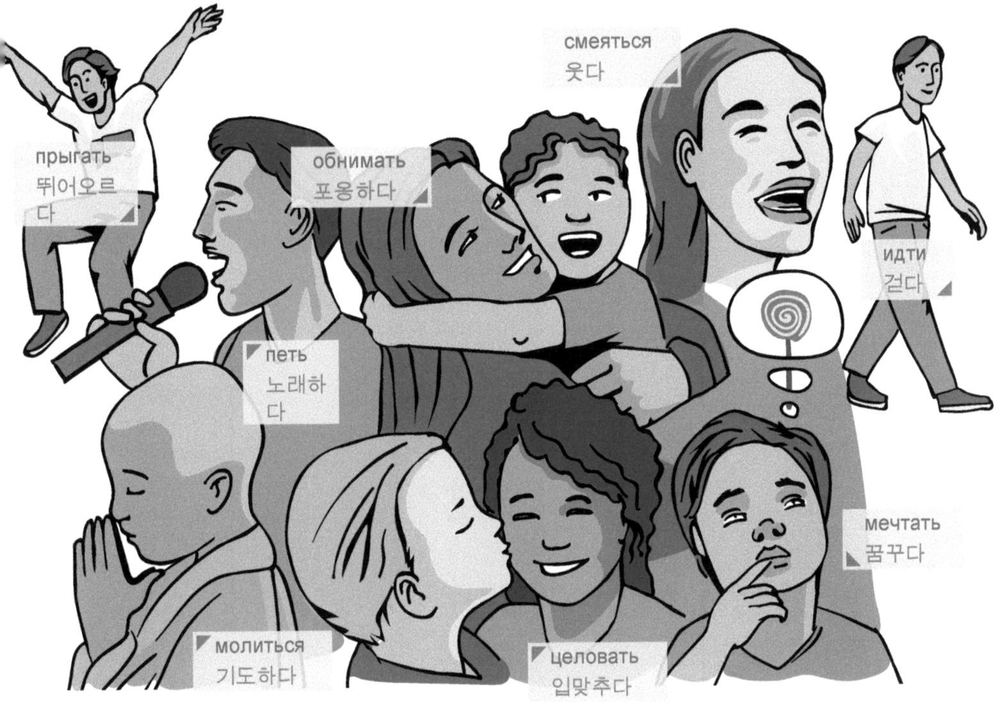

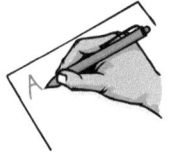

писать

쓰다

рисовать

그리다

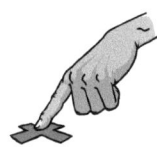

показывать

보여주다

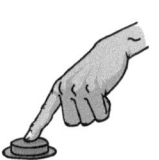

нажимать

밀다

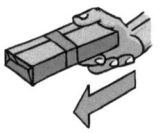

давать

주다

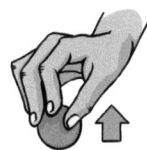

брать

받다

иметь

가지다

делать

행하다

быть

...이다

стоять

서있다

бежать

뛰다

тянуть

당기다

бросать

던지다

падать

떨어지다

лежать

누워있다

ждать

기다리다

носить

운반하다

сидеть

앉다

надевать

옷을 입다

спать

자다

просыпаться

깨다

рассматривать
보다

плакать
울다

гладить
쓰다듬다

причесывать
빗다

говорить
말하다

понимать
이해하다

спрашивать
묻다

слушать
듣다

пить
마시다

кушать
먹다

наводить порядок
정리하다

любить
사랑하다

готовить
요리하다

ехать
주행하다

летать
날다

ходить под парусом

해항하다

считать

계산하다

читать

읽다

учиться

배우다

работать

일하다

вступать в брак

결혼하다

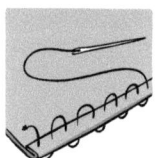

шить

바느질하다

чистить зубы

이를 닦다

убивать

죽이다

курить

담배 피우다

отправлять

보내다

бабушка
할머니

дедушка
할아버지

папа
아버지

мама
어머니

младенец
아기

дочь
딸

сын
아들

гость

손님

тетя

이모 / 고모

дядя

삼촌

брат

형제

сестра

자매

тело

몸통

лоб
이마
глаз
눈
лицо
얼굴
подбородок
턱
грудь
가슴
палец
손가락
кисть
손가락
рука
팔
плечо
어깨
нога
다리

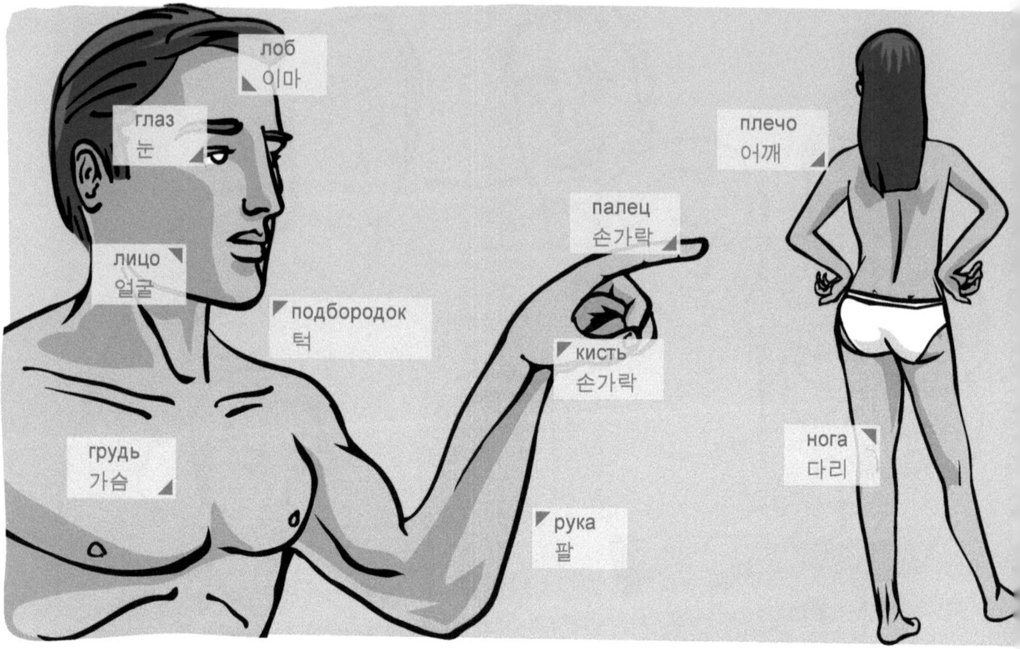

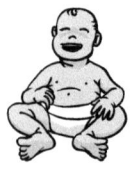

младенец

아기

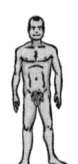

мужчина

남자

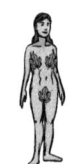

женщина

여자

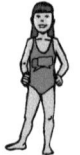

девочка

소녀

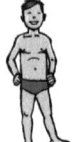

мальчик

소년

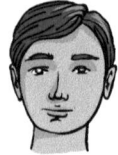

голова

머리카락

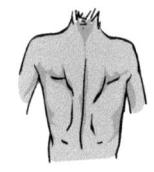

спина

등

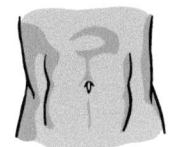

живот

배

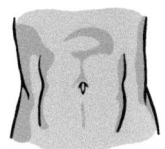

пупок

배꼽

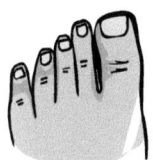

палец ноги

발가락

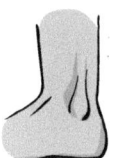

пятка

발꿈치

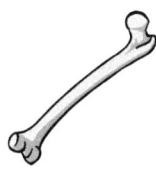

кость

뼈

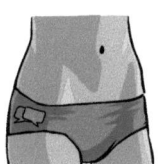

бедро

엉덩이

колено

무릎

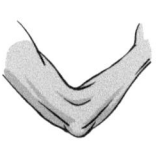

локоть

팔꿈치

нос

코

ягодицы

둔부

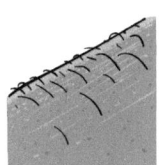

кожа

피부

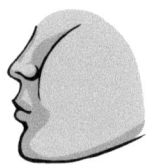

щека

뺨

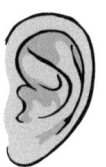

ухо

귀

губа

입술

тело - 몸통

рот
입

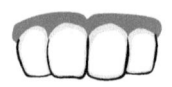

зуб
치아

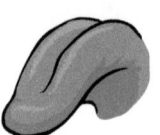

язык
혀

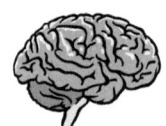

мозг
뇌

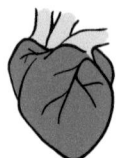

сердце
심장

мышца
근육

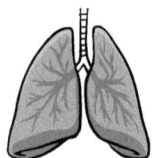

лёгкое
허파

печень
간

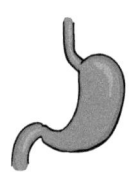

желудок
위

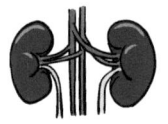

почки
신장

половой акт
성교

презерватив
콘돔

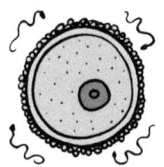

яйцеклетка
난자

сперма
정자

беременность
임신

тело - 몸통

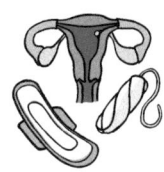

менструация
....
월경

вагина
....
질

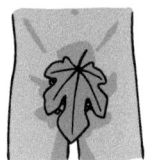

пенис
....
음경

бровь
....
눈썹

волосы
....
머리카락

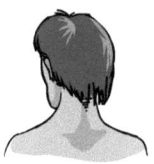

шея
....
목

больница
병원

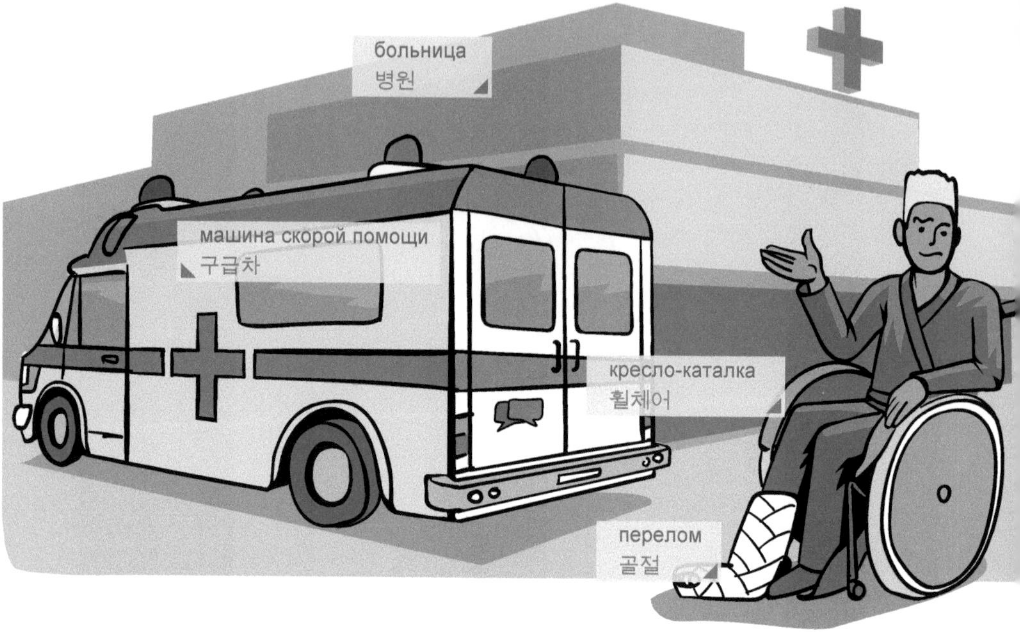

больница
병원
машина скорой помощи
구급차
кресло-каталка
휠체어
перелом
골절

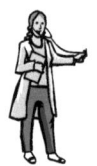

врач

의사

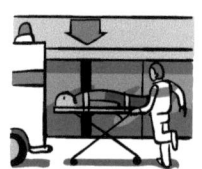

пункт первой помощи

응급실

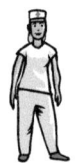

медсестра

간호사

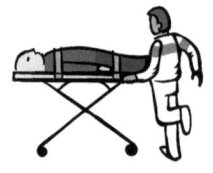

неотложный случай

응급상황

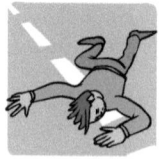

без сознания

혼수상태

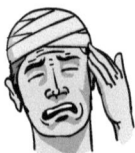

боль

통증

повреждение

부상

кровотечение

출혈

инфаркт

심장마비

инсульт

뇌졸중

аллергия

알러지

кашель

기침

овышенная температура

열

грипп

독감

понос

설사

головная боль

두통

рак

암

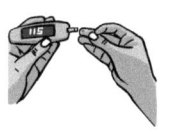

диабет

당뇨병

хирург

외과의

скальпель

수술용 메스

операция

수술

КТ
CT

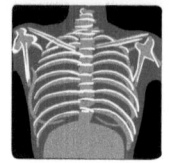

рентген
엑스레이

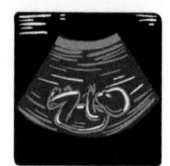

ультразвук
초음파

маска
마스크

болезнь
질병

приёмная
대기실

костыль
목발

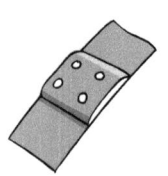

пластырь
반창고

бинт
붕대

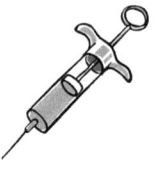

укол
주사

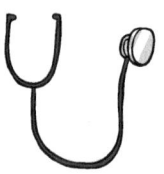

стетоскоп
청진기

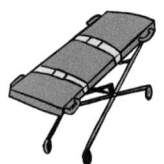

носилки
들것

термометр
체온계

рождение
출생

избыточный вес
과체중

слуховой аппарат

보청기

дезинфекционное средство

소독약

инфекция

감염

вирус

바이러스

ВИЧ / СПИД

HIV / AIDS

лекарство

의학

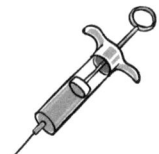

прививка

예방접종

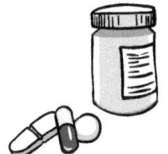

таблетки

알약

противозачаточная таблетка

알약

экстренный вызов

구급 전화

прибор для измерения кровяного давления

혈압측정기

больной / здоровый

병든 / 건강한

Помогите!
도와주세요!

сигнал тревоги
경보음

нападение
폭행

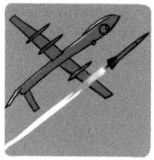

атака
공격

опасность
위험

запасной выход
비상구

Пожар!
불이야!

огнетушитель
소화기

несчастный случай
사고

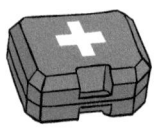

аптечка
구급 상자

SOS
SOS

милиция
경찰

Европа

유럽

Северная Америка

북미

Южная Америка

남미

Африка

아프리카

Азия

아시아

Австралия

호주

Атлантический океан

북극

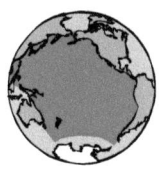

Тихий океан

태평양

Индийский океан

인도양

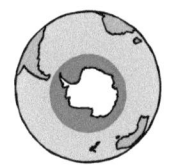

Антарктический океан

남극해

Северный Ледовитый океан

북극해

Северный полюс

북극해

Южный полюс

남극해

Антарктика

남극

земля

지구

суша

육지

море

바다

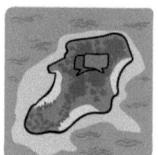

остров

섬

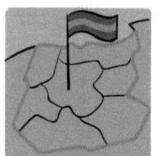

нация

국가

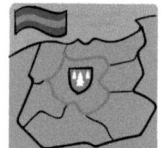

государство

주

земля - 지구

циферблат

시계 문자판

часовая стрелка

시침

минутная стрелка

분침

секундная стрелка

초침

Который час?

몇 시입니까?

день

일

время

시간

сейчас

지금

электронные часы

디지털 시계

минута

분

час

시간

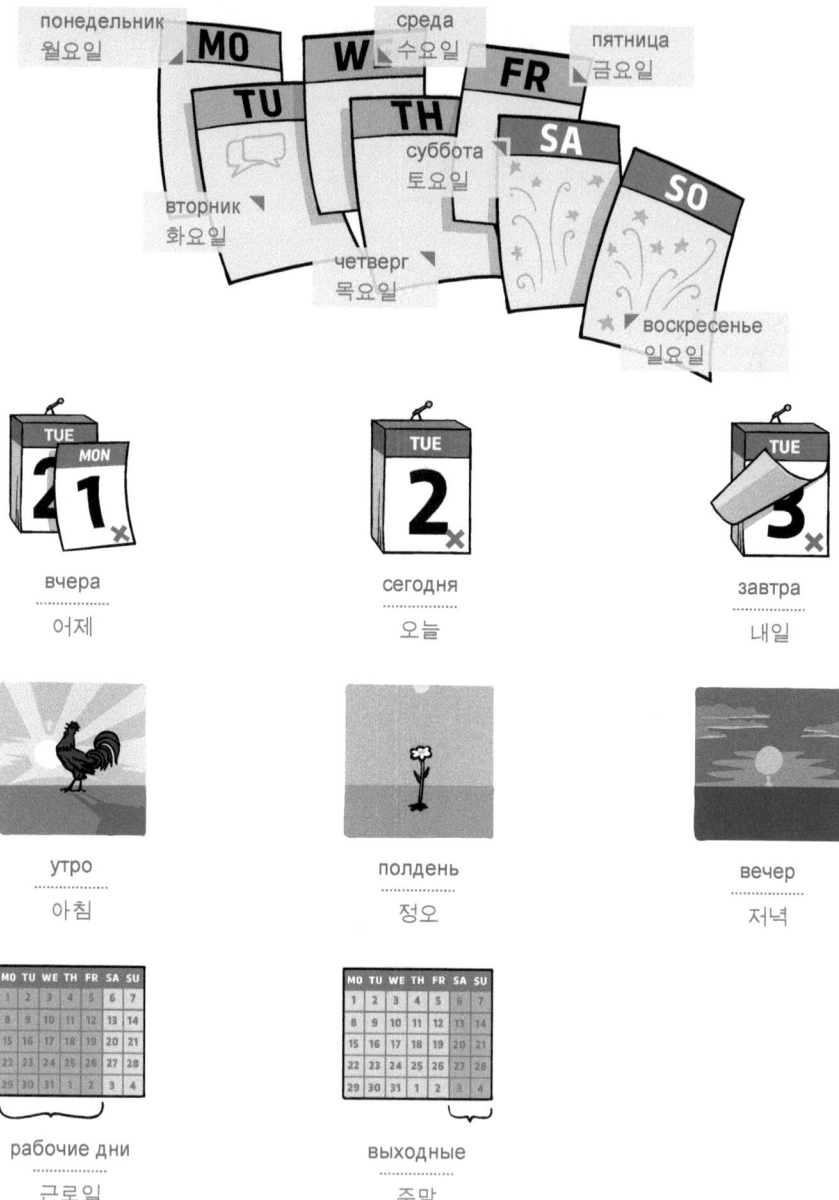

понедельник
월요일

MO

среда
수요일

W

пятница
금요일

FR

TU

TH

SA

SO

вторник
화요일

суббота
토요일

четверг
목요일

воскресенье
일요일

вчера

어제

сегодня

오늘

завтра

내일

утро

아침

полдень

정오

вечер

저녁

рабочие дни

근로일

выходные

주말

дождь
비

радуга
▶ 무지개

ветер
바람

снег
눈

весна
봄

лето
여름

осень
가을

зима
겨울

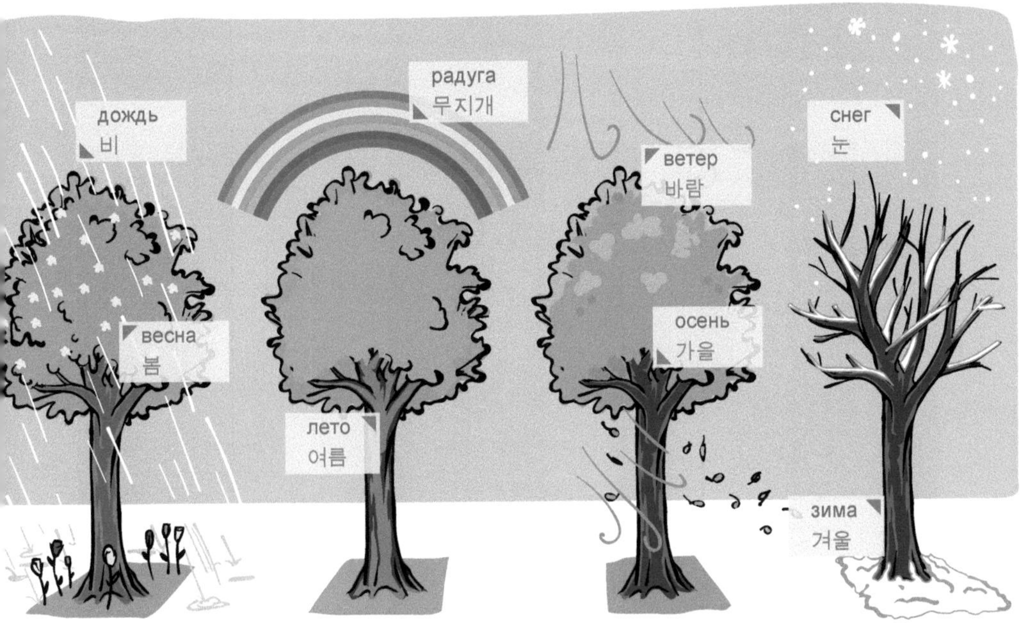

прогноз погоды
....
날씨 예보

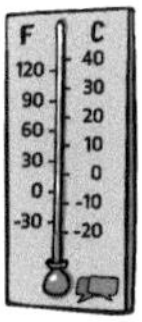

термометр
....
온도계

солнечный свет
....
햇빛

туча
....
구름

туман
....
안개

влажность воздуха
....
습도

молния

번개

гром

천둥

буря

폭풍

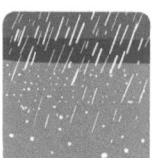

град

우박

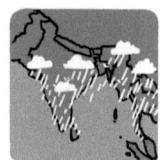

муссон

장마

наводнение

홍수

лёд

얼음

январь

1월

февраль

2월

март

3월

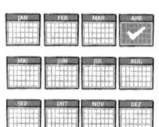

апрель

4월

май

5월

июнь

6월

июль

7월

август

8월

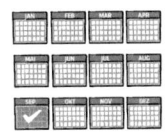

сентябрь
....
9월

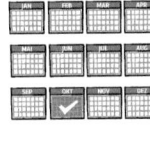

октябрь
....
10월

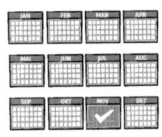

ноябрь
....
11월

декабрь
....
12월

формы
형태

круг
....
원

квадрат
....
정사각형

прямоугольник
....
직사각형

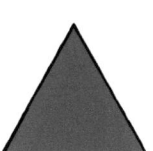

треугольник
....
삼각형

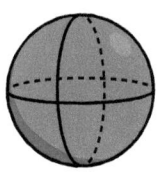

шар
....
구

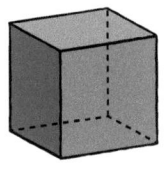

куб
....
정사면체

белый
....
하양

желтый
....
노랑

оранжевый
....
주황

розовый
....
분홍

красный
....
빨강

лиловый
....
보라

синий
....
파랑

зелёный
....
초록

коричневый
....
갈색

серый
....
회색

черный
....
검정

много / мало

많은 / 적은

яростный / мирный

화난 / 차분한

красивый / уродливый

아름다운 / 추한

начало / конец

시작 / 끝

большой / маленький

큰 / 작은

светлый / темный

밝은 / 어두운

брат / сестра

형제 / 자매

чистый / грязный

깨끗한 / 더러운

полный / неполный

완전한 / 불완전한

день / ночь

낮 / 밤

мёртвый / живой

죽은 / 산

широкий / узкий

넓은 / 좁은

съедобный / несъедобный

삭용의 / 비식용의

злой / дружелюбный

불친절한 / 친절한

взволнованный / скучающий

흥분된 / 지루한

толстый / худой

뚱뚱한 / 마른

сначала / в конце

처음으로 / 마지막으로

друг / враг

친구 / 적

полный / пустой

꽉 찬 / 텅 빈

твёрдый / мягкий

딱딱한 / 부드러운

тяжёлый / легкий

무거운 / 가벼운

голод / жажда

배고픔 / 목마름

больной / здоровый

병든 / 건강한

незаконный / законный

불법 / 합법

умный / глупый

영리한 / 어리석은

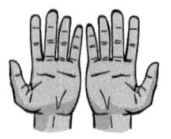

слева / справа

왼 / 오른

близко / далеко

가까운 / 먼

новый / подержанный
....
새 / 헌

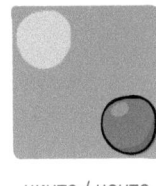

ничто / нечто
....
무 / 유

старый / молодой
....
늙은 / 젊은

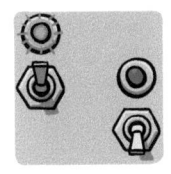

включено / выключено
....
온 / 오프

открыто / закрыто
....
열린 / 닫힌

тихо / громко
....
조용한 / 시끄러운

богатый / бедный
....
부유한 / 가난한

правильный /
неправильный
옳은 / 틀린

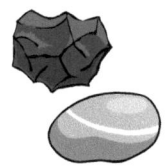

шероховатый / гладкий
....
거친 / 매끄러운

печальный / счастливый
....
슬픈 / 기쁜

короткий / длинный
....
짧은 / 긴

медленный / быстрый
....
느린 / 빠른

мокрый / сухой
....
젖은 / 마른

тёплый / прохладный
....
따뜻한 / 시원한

война / мир
....
전쟁 / 평화

0

ноль

영

1

один

하나

2

два

둘

3

три

셋

4

четыре

넷

5

пять

다섯

6

шесть

여섯

7

семь

일곱

8

восемь

여덟

9

девять

아홉

10

десять

열

11

одиннадцать

열하나

12

двенадцать

열둘

13

тринадцать

열셋

14

четырнадцать

열넷

15

пятнадцать

열다섯

16

шестнадцать

열여섯

17

семнадцать

열일곱

18

восемнадцать

열여덟

19

девятнадцать

열아홉

20

двадцать

스물

100

сто

백

1.000

тысяча

천

1.000.000

миллион

백만

английский

영어

американский английский

미국식 영어

мандаринский китайский

중국어 만다린

хинди

힌두어

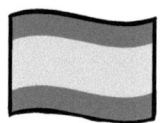

испанский

스페인어

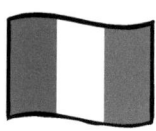

французский

프랑스어

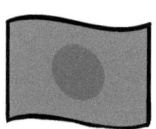

арабский

아랍어

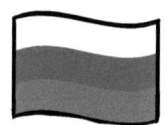

русский

러시아어

португальский

포르투갈어

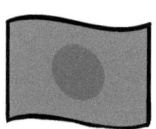

бенгальский

불가리아어

немецкий

독일어

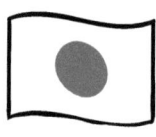

японский

일본어

кто
....
나

ты
....
너

он / она / оно
....
그 / 그녀/ 그것

мы
....
우리

вы
....
너희들

они
....
그들

кто?
....
누가?

что?
....
무엇이?

как?
....
어떻게?

где?
....
어디서?

когда?
....
언제?

имя
....
이름

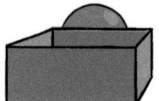

за
....
뒤에

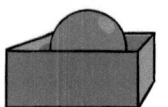

в
....
안에

перед
....
앞에

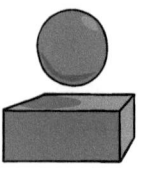

над
....
위에

на
....
위에

под
....
아래에

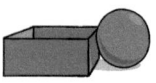

рядом
....
옆에

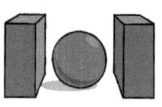

между
....
사이에

место
....
장소